AF250927

SITUATION

DE L'ESPAGNE

DISCOURS

DE M. LE MARQUIS DE VALDEGAMAS,

PRONONCÉ DANS LES CORTÈS

LE 30 DÉCEMBRE DERNIER.

PARIS,

IMPRIMERIE DE JULES-JUTEAU ET Cie, RUE SAINT-DENIS, 345.

—

1851.

[illegible]

[illegible]

[illegible]

[illegible]

DISCOURS

DE M. LE MARQUIS DE VALDEGAMAS.

« Messieurs les députés qui se rappellent les divers discours que j'ai eu l'honneur de prononcer dans les sessions précédentes, savent que, bien que mes doctrines aient été en quelques points contraires, et, en des points plus nombreux, différentes de celles que soutiennent les ministres, j'ai constamment voté avec le ministère. Ma conduite a été fondée sur de très solides raisons. Mes doctrines, en premier lieu, n'ont jamais été mises aux voix, et partant, je n'ai eu qu'à voter celles du ministère, moins éloignées des miennes que celles des diverses oppositions. En second lieu, je suis avant tout et surtout un homme de gouvernement, et, comme tel, je vote toujours avec le gouvernement en cas de doute. Enfin, j'espérais plus faire en faveur de mes doctrines comme ami que comme adversaire du cabinet. Aujourd'hui, les choses ont entièrement changé de face. Le ministère a porté son système à un tel point d'exagération, et je crois ce point d'exagération si funeste, que je me vois dans la nécessité de choisir entre ma conscience et mon amitié, entre mes propres doctrines et le ministère. L'alternative, Messieurs, est fort dure, mais le choix ne peut être douteux ; je ferai taire mon amitié pour n'écouter que ma conscience ; je me séparerai un peu du ministère pour rester avec mes doctrines.

1851

» Je me propose, Messieurs, de dessiner à grands traits le bien triste tableau que présente la nation sous différents aspects; et, pour que tous le sachent et que je n'aie pas besoin de le répéter à chaque pas, je vais dire dès maintenant jusqu'à quel point je crois que le ministère est responsable de cette triste et douloureuse situation où nous sommes. Diverses causes nous y ont amenés. La situation actuelle est d'une part l'effet des bouleversements; de l'autre, l'effet et le résultat du système erroné et funeste des ministères précédents, enfin le système erroné et funeste du ministère qui préside aujourd'hui aux destinées de la nation espagnole.

» Je ne puis accuser les bouleversements, parce que la révolution me répondra : « En bouleversant, je fais mon devoir », je ne puis accuser les ministres passés, parce qu'ils pourraient me répondre : « Nous avons été sous la pression révolutionnaire »; mais je puis accuser et j'accuse le ministère présent, parce que lui seul, de tous ceux qui ont existé depuis 1834, lui seul est maître absolu et souverain de ses actions.

» Je ne puis accuser et je n'accuse pas le ministère d'avoir créé la situation actuelle. Comment le pourrai-je? Cette situation existait avant qu'il n'existât; mais je l'accuse parce qu'il la conserve, je l'accuse parce qu'il l'aggrave.

» C'est pour exposer ces choses brièvement que j'ai demandé la parole. Je l'ai demandée encore pour un autre objet : Je dois faire ici ma profession de foi politique, quoiqu'elle soit bien connue de tous, en matière d'autorisation. Je crois, Messieurs, que le ministère peut perdre le droit de vivre, mais je ne crois pas qu'il perde jamais le droit et le devoir imprescriptible de percevoir les impôts.

» Je crois que la Chambre des députés a le droit de contribuer à renverser un ministère par un vote de censure; mais elle n'a pas le droit de tuer l'Etat.

» Cela posé, Messieurs, il est clair que mon vote contre l'autorisation ne signifie pas que le ministère ne doit pas recouvrer les impôts, lever ni distribuer les contributions.

Mais, fréquemment, les votes du Parlement ont besoin d'un com·
mentaire; rarement, ici, il arrive qu'un député vote ce qu'il veut,
et plus rarement encore qu'il veuille ce qu'il vote. Pourquoi? parce
que les votes sont complexes, parce que les votes signifient des
choses très différentes et parfois totalement contraires. Cette autorisation est quelque chose de plus qu'elle ne dit; elle est beaucoup
plus qu'elle ne dit; elle participe de la nature propre de toutes les
autorisations; elle est un vote de confiance; elle le serait de toutes
manières; elle l'a été ici et dans d'autres pays, sans que le ministère ait besoin de le déclarer; mais aujourd'hui elle l'est beaucoup
plus, et messieurs les députés le savent, depuis la déclaration for-
melle des ministres. Eh bien ! en votant contre cette autorisation,
je ne m'oppose pas à ce que le gouvernement perçoive les impôts,
je dis seulement que le ministère, non le ministère qui se compose
de mes amis, le système du ministère n'a pas ma confiance.

Où est la dissidence capitale, — car je ne puis parler que des
dissidences de cette sorte, — où est la dissidence capitale entre le
système du ministère et mes doctrines ? En cela particulièrement
sur quoi le ministère fonde son titre de gloire. Elle consiste en ce
que c'est un ministère qui se proclame et qui est le ministère de
l'ordre matériel, des intérêts matériels. Et remarquez que je ne
suis pas l'adversaire des intérêts matériels, de l'ordre matériel;
l'ordre matériel est une partie constitutive, la moindre, de l'ordre
véritable, lequel n'est autre que l'union des intelligences dans le
vrai, des volontés dans l'honnète, des esprits dans le juste. L'ordre
véritable existe lorsque les vrais principes religieux, les vrais principes politiques, les vrais principes sociaux sont proclamés, soute-
nus, défendus.

» Les intérêts matériels seront sans doute et sont une chose
bonne, excellente; mais les intérêts matériels ne sont pas pour cela
les intérêts suprêmes de la société humaine : l'intérêt suprême de la
société humaine est de faire prévaloir en elle ces mêmes principes
religieux, politiques et sociaux. La santé, Messieurs, ne consiste pas
seulement dans la santé du corps, mais aussi dans la santé de

l'âme, *mens sana in corpore sano*. Cet équilibre entre l'ordre matériel et l'ordre moral, entre les intérêts moraux et les intérêts matériels, entre la santé de l'homme et celle du corps, c'est ce qui constitue la plénitude de la santé dans la société comme dans l'homme. C'est à cet équilibre que le siècle de Louis XIV dût d'être appelé le *grand siècle*, et Louis XIV d'être appelé *le Grand;* et en vérité, il était grand le prince heureux qui régnait sur Bossuet, ce roi des intelligences, et sur Colbert, roi de l'industrie.

» Lorsque cet équilibre se rompt, les empires commencent à décliner jusqu'à ce qu'ils disparaissent complètement. Je voudrais, Messieurs, graver ces principes dans vos cœurs, dans votre mémoire, car ils intéressent au plus haut point votre patrie.

» Il y a en Europe deux grandes dynasties : la dynastie bourbonnienne et la dynastie autrichienne. La dynastie autrichienne a conservé vivants parmi nous les vrais principes politiques, religieux et sociaux ; mais en même temps elle eut le malheur de laisser dans l'oubli et l'abandon les principes économiques, les principes administratifs, les intérêts matériels. Eh bien, Messieurs, cela nous explique sa vie et sa mort. L'histoire nous offre peu d'exemples d'une vie plus glorieuse et d'une mort plus misérable. Voulez-vous savoir jusqu'où peuvent aller les empires dans lesquels prévalent les vrais principes sociaux, politiques et religieux ? Regardez Charles-Quint, le grand empereur, regardez cette aigle impériale dont le plus grand de nos poètes a dit que, *dans son vol sans égal, elle tint le monde entier sous ses ailes.*

» Voulez-vous voir comment finissent les races et les dynasties lorsqu'elles mettent en oubli les intérêts matériels? Regardez le dernier rejeton de cette dynastie généreuse, regardez Charles II, le roi mendiant, l'Augustule de sa race. Tournez maintenant vos regards sur la race bourbonnienne. Henri IV commence par être protestant et par protéger les catholiques, et finit par être catholique et par protéger les protestants. C'est-à-dire, Messieurs, que la religion était pour lui un instrument de domination, *instrumentum regis.* Vous avez en lui le modèle d'un roi esprit-fort.

Suivez-le dans sa vie et dans son histoire, il vous apparaîtra toujours livré à l'idée exclusive de faire prospérer matériellement la France, d'établir une bonne et sage administration, d'apaiser les dissidences des partis au moyen des transactions ; en un mot, vous le verrez s'occuper uniquement de l'organisation administrative et des intérêts matériels. Henri IV n'est pas un homme seulement, il est la race bourbonnienne, race qui est venue au monde pour deux choses, pour rendre les peuples industrieux et riches et pour mourir entre les mains des révolutions. Qui n'admire, Messieurs, ces grandes, ces magnifiques consonnances de l'histoire ! Voici deux races plus ennemies encore sur le champ des idées que sur le champ de bataille : la race autrichienne oublie les intérêts matériels et meurt de faim ; la race bourbonnienne, la plupart de ses princes, au moins, se relâchent dans la conservation intacte et pure des principes religieux, sociaux et politiques, pour devenir réformateurs et industriels, et viennent trébucher contre le spectre de la révolution, placé sur les limites de leurs industries et de leurs réformes, qui les dévore les uns après les autres. Eh bien ! ministres d'Isabelle II, je viens vous demander d'éloigner de votre reine, qui est la mienne, l'espèce de malédiction qui pèse sur sa race.

» Le temps presse, Messieurs ; le temps presse, car des jours plus calamiteux que vous ne pensez s'approchent. Bientôt même, s'il est vrai que l'arbre se connaît par le fruit, vous devez connaître par son fruit l'arbre que vous avez planté. Ce fruit est un fruit de mort. La politique des intérêts matériels est arrivée ici à la dernière et à la plus redoutable de ses évolutions, à cette évolution en vertu de laquelle on cesse de parler même de ses intérêts pour ne s'occuper que du suprême intérêt des peuples en décadence, de l'intérêt qui se base sur les jouissances matérielles. Par là s'expliquent ces ambitions impatientes dont on a parlé dans cette enceinte avec une souveraine raison. Personne n'est bien où il est ; tous aspirent à monter, non pour monter, mais pour jouir. Il n'est aucun Espagnol qui ne croie entendre cette voix fatidique qu'entendait Macbeth, et qui lui disait : « Macbeth ! Macbeth ! tu seras roi ! » Celui qui est électeur entend une voix qui lui dit : Electeur, tu seras député ! Le député entend une voix qui lui dit : Député, tu seras ministre ! Le ministre entend une voix qui lui dit : Ministre, tu seras... je ne sais quoi, Messieurs !

» Je ne sais où cela nous pousse, ou pour mieux dire, je sais où cela nous a poussés, à la corruption épouvantable que nous voyons tous, car le fait aujourd'hui culminant dans la société espagnole est cette corruption qui est dans la moëlle de nos os. La corruption est partout, elle entre par tous nos pores ; elle est dans l'atmosphère qui nous entoure, dans l'air que nous respirons. Les agents les plus puissants de la corruption ont toujours été les premiers agents du gouvernement ; ils ont été les plus actifs dans les provinces, achetant et vendant des consciences. Tout le monde a vu tout ce qui s'est passé en Espagne depuis le jour où éclata la révolution jusqu'à ce moment. Lorsque les gouvernements ont été faibles, leurs principaux agents sont passés en troupe dans le camp de l'insurrection victorieuse ; lorsque les gouvernements sont forts, ou du moins qu'on les croit tels, alors, pour les dégager, ces mêmes agents renversent tout ce qu'on leur oppose. Rappelez-vous, Messieurs, les *Pronunciamientos* passés. Il me semble voir encore cette procession de généraux et de chefs politiques, les mains pleines d'encens qu'ils allaient brûler sur les autels des juntes révolutionnaires.

» Tournez les yeux vers ce qui se passe maintenant. Pensez à quelques-uns de ces scandales publics et notoires arrivés dans les dernières élections. Ne les croyez ni les uns ni les autres quand ils se disent ennemis ; ils ne sont pas ennemis ! Les scandales des *Pronunciamientos* et les scandales des élections sont frères : je vois en tous les mêmes inclinations et jusqu'à la même physionomie ; tous ont fait le serment héroïque de se sacrifier pour le vainqueur, tous ont fait pacte avec la fortune, tous sont amis de la victoire, tous sont adorateurs du soleil, tous regardent l'Orient.

» Je n'ai pas besoin de répéter, Messieurs, ce que j'ai déjà dit, que je ne crois pas que le ministère soit le seul coupable de cette situation. C'est une situation révolutionnaire qui a survécu à la révolution; le ministère, cependant, est coupable jusqu'à un certain point, parce qu'il alimente cette corruption par l'impunité où il laisse ses agents; il est coupable par son silence. En Espagne, dans cette société malheureuse, car elle doit s'appeler ainsi, après le tableau que je viens de tracer, non-seulement les sentiments sont corrompus, mais les idées aussi sont perverties.

» Je suis donc en droit d'affirmer qu'à aucune époque de notre histoire le niveau des intelligences n'a été plus bas en Espagne. Je ne puis démontrer dans mon discours, ce serait impossible, que toutes les idées capitales qui dominent en ce moment sont fausses; mais je me fais fort de démontrer de vive voix ou par écrit, ou de quelque manière que ce soit, que la proposition politique acceptée par mes adversaires comme vraie, comme certaine, est une proposition complètement fausse.

» Un symptôme de la perversion de toutes les idées dans une société, c'est lorsque tous les partis, toutes les écoles politiques vont à leur perte par la voie même qu'ils ont choisie pour se sauver. Quand ce symptôme se présente, il est de toute évidence que toutes les idées sont perverties et que tous les freins sont changés.

» Tous les partis alternativement dominants en Espagne ont cru que de grandes garanties contre les abus du pouvoir étaient nécessaires. De ces garanties les unes sont vaines, les autres absurdes. Il en est une dont je vais parler, qui est absurde, vaine, et opposée en outre au but qu'on veut atteindre. On a constamment invoqué ici le principe de la responsabilité ministérielle; eh bien! ce principe que tous les partis ont proclamé en Espagne est la seule cause de l'arbitraire et de la tyrannie ministérielle, perpétuel sujet de la plainte des partis. La logique veut que les conséquences jaillissent d'elles-mêmes et nécessairement de leur principe, sans que personne les proclame, sans que personne les tire. Dites-moi, vous qui vous plaignez de l'arbitraire ministériel, arbitraire que je reconnais, que répondriez-vous, vous surtout qui siégez sur ces bancs, si j'étais le Ministère, et que je vous dise :

» Vous avez proclamé le principe de la responsabilité, et, de fait, vous me déclarez responsable de tout ce qui se passe dans le plus petit coin de la monarchie. » Eh bien! j'accepte vos principes, acceptez leurs conséquences. Ces conséquences, les voici : A une responsabilité universelle correspond un pouvoir absolu, parce que pouvoir absolu et responsabilité universelle sont choses corrélatives, forcément corrélatives.

» Pour qu'un pouvoir soit absolu, il doit être sans gêne aucune, et, pour être sans gêne aucune, il ne doit rencontrer aucune résistance. Il y avait autrefois, Messieurs, des corporations unies par le lien de l'intérêt, unies par le lien de l'amour, unies par le lien de la religion. Ces corporations opposaient une digue à tout despotisme qui eût tenté de s'élever dans la nation. Ces corporations résistantes ne sont pas compatibles avec ma responsabilité, avec la prompte liberté d'action dont j'ai besoin, comme ministère responsable : laissez-moi en finir avec elles. La nomination de tous les employés publics est un instrument gigantesque de corruption; n'importe : si je ne nomme pas tous les employés, je ne puis être responsable; si vous exigez ma responsabilité, accordez-moi la nomination à tous les emplois, la vie locale, la vie municipale, la vie provinciale peuvent être de bonnes et excellentes choses; mais si je suis responsable de tout, seul je dois vivre pour faire tout.

» Par conséquent, centralisation, centralisation à mort, centralisation absolue. Toutes les affaires doivent venir au ministère; tout l'or doit affluer au Trésor public. Ce sont là des conséquences nécessaires. Il s'en suit que si vous m'accusez d'être arbitraire, je vous réponds que c'est vous-mêmes qui m'avez fait arbitraire en m'imposant une responsabilité qui suppose en moi et qui me confère un pouvoir absolu.

» Rien, Messieurs, ne paraît plus facile, et rien n'est plus difficile que de proportionner les moyens aux fins. Que veut-on? que le Ministère ait un pouvoir prudent, limité, et rien de plus? Alors, ne déclarez pas les ministres responsables. Quoi! sans la nécessité de vos solennelles déclarations, par les lois du royaume, tous les ministres n'ont-ils pas été responsables? Voulez-vous plus? voulez-vous que les ministres, ces géants qui vous épouvantent, ne soient plus que des pygmées? Eh bien, Messieurs, le moyen est sous la main : déclarez-les inviolables. Dès l'instant où vous les déclarerez inviolables, ils ne seront plus rien que de magnifiques nullités assises sur ce banc magnifique.

» Tous les principes pourraient être soumis à l'anatomie que je viens de faire de celui-ci : tous sont faux , scientifiquement absurdes. Le devoir des gouvernements, quand ils voient l'absurde, est de le combattre comme ils le peuvent.

» Après avoir argumenté au nom du gouvernement contre ses adversaires, j'argumente maintenant en mon propre nom contre le gouvernement, et lui dis : Tu as raison de mesurer ton pouvoir sur ta responsabilité; mais je viens mesurer ta responsabilité sur ton omnipotence. Puisque tu peux tout, réponds-moi de tout. La reine écoute tes conseils et les suit; les électeurs reçoivent tes candidats et te les envoient; les cortès accueillent tes projets et les approuvent ; en Espagne, personne n'enseigne une idée s'il n'a le titre de maître, et personne n'a ce titre si tu ne le lui confères. Réponds-moi donc de tout; réponds-moi des mauvais sentiments, réponds-moi des idées corruptrices , car il n'est rien de plus raisonnable que ta responsabilité égale ton omnipotence.

» Deux mots sur le système financier des ministres.

» Dans ces questions, Messieurs, on ne peut apporter que ce qu'on a; on n'a que ce que Dieu donne. A d'autres Dieu donne la science, et ils ont apporté ici leur science. Pour moi, je ne puis apporter qu'un mot, un peu de clarté , un grain de bon sens. D'après les explications qui ont été échangées , je conçois deux grands systèmes financiers.

» Il y a des hommes qui, les yeux fixés sur nos anciennes gloires, sur notre ancienne puissance, voient avec honte et même indignation l'état d'abaissement et de faiblesse où nous sommes, et s'écrient : Il faut revenir à cette gloire, à cette puissance, et pour cela il est nécessaire de dépenser beaucoup; dépensons donc beaucoup. En dépensant beaucoup, nous serons riches, car on va aussi à la richesse par le chemin de la gloire. Il y en a d'autres qui jetant les yeux sur la souffrance du peuple, allant de maison en maison constater la misère des pauvres contribuables, oubliant tout le reste, disent : Nous sommes pauvres, très pauvres, les économies sont nécessaires.

» Voilà le point de départ des deux grands systèmes qui ont combattu ici l'un contre l'autre. Lequel de ces deux systèmes est celui du Ministère? Les deux à la fois et aucun. Parle-t-on d'économies? les partisans des économies viennent les réclamer pour le peuple? aussitôt le gouvernement répond : Qui fait plus d'économies que moi? vous avez ici 40 millions d'économies.

» Ceux qui ne voient que les gloires nationales, la puissance nationale, qui croient qu'on doit dépenser beaucoup se lèvent-ils? aussitôt le Ministère, se levant à son tour : Eh, précisément, dit-il, c'est mon fort : vous avez là 300 millions de déficit.....

» Ainsi, Messieurs, ce ministère flotte entre deux pentes différentes, il est comme le balancier d'une pendule qui oscille, mais n'avance pas. Et que dirai-je du discernement avec lequel le Ministère dépense pour ceci et économise sur cela? Pour peindre ce discernement, je dois dire ce qui a déjà été dit, mais ce qu'il est nécessaire de répéter, parce que c'est vrai. Que doit-on dire d'un gouvernement qui croit devoir faire des dépenses pour un théâtre et faire des économies sur ce qui est dû au culte et au clergé? Au culte et au clergé, Messieurs! Pour tout ce qu'il y a au monde je n'aurais pas voulu signer cette économie, sanctionner cette diminution. Le clergé qui meurt de faim, le culte qui est sans éclat, les séminaires qui sont nés à peine, les temples qui sont en ruines, qu'est-ce que cela? Où sommes-nous? On s'étonnera peut-être qu'on revienne à parler de théâtre; on s'étonnera, et on s'étonne avec juste raison, que ce mot passe si souvent par les lèvres des députés.

» Ceux mêmes qui le prononcent ne savent peut-être pas pourquoi. Je le sais et vais le dire. Le mot théâtre se prononce tant,

Messieurs, parce que le théâtre que le Ministère a élevé et la situation où le Ministère nous a conduits sont une même chose ; parce qu'on ne peut parler du théâtre sans penser à la situation, ni parler de la situation sans penser au théâtre. Et cela aussi a une explication, et une explication qui convaincra tous ceux qui m'écoutent. Il n'y a aucune période historique qui ne soit, pour ainsi dire, symbolisée dans un monument. Si j'osais remonter dans les temps antiques, je vous rappellerais ici l'histoire de nombreux empires, et je vous prouverais cela, Messieurs, clair comme le jour.

« Il suffit de parler de notre Espagne, et de rappeler ici la dynastie autrichienne, dont j'ai parlé en commençant ce discours. Dans la première période de cette dynastie, la monarchie éclipse tout, même le principe religieux, bien qu'il fût alors très puissant en Espagne. Quel monument sera le plus fidèle symbole de cette suitation ? Assurément, Messieurs, ce sera un palais. Dans la période des Philippes, dans cette période où le fondement du principe religieux s'élève au-dessus du principe monarchique, bien que ce principe fût si puissant en Espagne, comment se symbolisera la pensée dominante de la monarchie espagnole ? Par un couvent. Quel sera le symbole de cette même monarchie au temps de Charles II ? Qu'était le trône ? Qu'était l'Espagne ? un tombeau. Eh bien ! Messieurs, ces trois choses ont leur symbole dans l'Escurial : l'Escurial est à la fois un palais, un couvent, un tombeau. L'Escurial est l'histoire de la monarchie autrichienne écrite avec des pierres de granit. Eh bien ! notre histoire actuelle, notre situation actuelle sont symbolisées dans le théâtre d'Orient, dans ce monument élevé uniquement pour les jouissances matérielles.

« Messieurs, je veux supposer pour un moment que le Gouvernement est aussi heureux dans toutes ses entreprises qu'il le désire et que je le souhaite moi-même ; je suppose qu'il a déjà élevé cette nation à la puissance et à la gloire qui lui sourient tant ; je lui accorde tout ce qu'il ambitionne pour l'Espagne ; j'admets qu'il a toutes les armées de l'autocrate des Russies et toutes les escadres de la Grande-Bretagne ; je lui accorde, en outre, pour soutenir un si haut nom, une gloire si haute, de si grandes escadres, des armées si puissantes, tout l'or du Pérou et de la Californie. Or, Messieurs, avec tout cela j'affirme et j'assure que tout son pouvoir viendra à terre avec fracas, si cette nation demeure corrompue dans ses sentiments et pervertie dans ses idées : je dis, en outre, que cette société si opulente, si splendide, si grande, sera livrée à l'extermination, parce que les anges exterminateurs n'ont jamais manqué aux peuples corrompus.

» Il ne faut pas nous faire illusion, l'avenir est triste, l'avenir est jusqu'à un certain point effrayant. Je puis, sans être doué de l'esprit de prophétie, vous faire voir votre avenir. Dans une nation que Dieu a fait notre voisine, est-ce pour notre bonheur ou pour notre malheur, je l'ignore, — il y avait un roi ; ce bon roi était par sa sagesse et par sa prudence comme l'Ulysse des dynasties européennes. Dans un âge plus simple, plus heureux, le monde l'aurait appelé Louis-Philippe le bon, le pacifique, le clément. Les hommes de la France mettant en lui leurs vices, l'ont appelé l'égoïste, l'avare. Ce roi fut porté au pouvoir par une grande révolution, venue après d'autres révolutions et de nombreux bouleversements qui avaient profondément remué toute cette société, perverti ses sentiments, ses idées, ses mœurs. Se sentant faible parce qu'il n'était pas légitime, pour opposer une digue à cette corruption universelle, pour élever un mur contre ce déluge d'erreurs, il forma des entreprises qui lui parurent plus faciles, il entreprit de rétablir l'ordre matériel, de donner de l'impulsion aux intérêts matériels. Nul prince n'a été en cela plus heureux. Au bout de quelques années, il était roi pacifique de la France, sans que le moindre bruit des insurrections passées et vaincues vînt troubler son repos ; au bout de quelques années, le commerce, l'industrie, tous les intérêts matériels acquirent un développement inouï. D'un autre côté, son gouvernement avait la confiance de la couronne, l'adhésion des électeurs, l'appui des Chambres, l'obéissance de la force publique, enfin, la sympathie et l'amitié de tous les cabinets de l'Europe.

» Mais, en même temps que toutes ces choses se passaient dans l'ordre matériel, le désordre moral, la corruption qui dissout, l'erreur qui empoisonne tout, allaient grandissant parallèlement, s'étendant, se propageant de toutes parts. Un jour vint où ces deux forces contraires arrivèrent en même temps à leur apogée. Alors, Messieurs, se posa d'elle-même, sans que personne la posât comme je le fais ici, se posa, dis-je, d'elle-même cette grande question toujours ancienne et toujours nouvelle qui consiste à savoir si une nation est plus sûre et plus forte quand elle s'appuie sur l'ordre matériel ou sur l'ordre moral, sur la vertu ou sur l'industrie. La France, pour son malheur, a résolu le problème dans le sens de l'industrie et de l'ordre dans les rues ; chaque pas qu'elle faisait dans cette voie était un pas qui l'éloignait de Dieu, et chaque pas qui l'éloignait de Dieu l'approchait de la bouche de l'abîme. Dieu l'atteignit lorsqu'elle arrivait à cet abîme ; Dieu l'atteignit le 24 février, le jour de la grande liquidation, le jour des grands anathêmes. Qu'arriva-t-il alors, Messieurs, qu'arriva-t-il ? Que ce peuple, enorgueilli de son pouvoir, enivré de sa richesse, fou de son industrie, vit s'abîmer à la fois son industrie, son pouvoir et sa richesse dans le grand déluge républicain ; tout s'engloutit là, le grand peuple et le grand roi, l'ouvrier et son œuvre.

» La Chambre voit où vont les choses quand on s'occupe exclusivement des intérêts matériels. Les peuples qui leur rendent un culte se trouvent dans l'indigence ; ils se trouvent sans rien : sans les biens moraux qu'ils ont repoussés, sans les biens matériels que la révolution leur a enlevés.

» Eh bien, Messieurs, jetez les yeux sur cette nation malheureuse ; voyez les périls qu'elle a traversés, le péril où elle est, le péril qui l'attend.

» La reine légitime d'Espagne, et remarquez ce mot, Messieurs, car il va servir d'accusation contre le ministère, la reine légitime d'Espagne a été déclarée majeure après un grand soulèvement qui avait succédé à de nombreux bouleversements et de grandes révoltes. Depuis lors, presque tous les mêmes hommes ont gouverné cette nation. Ils se sont crus faibles, bien qu'ils agissent au nom de la légalité ; ils se sont crus faibles pour attaquer de front la corruption et la perversion des idées, fruit amer des révolutions. Que se proposèrent les ministres de la reine d'Espagne? Ils se méfièrent d'eux-mêmes, comme s'ils n'agissaient pas au nom du haut et puissant prestige d'une reine légitime; ils se méfièrent d'eux-mêmes et ne se proposèrent que de sauver du naufrage universel l'ordre et les intérêts matériels. Et il faut avouer qu'en ce point ils furent heureux aussi à leur manière : en peu de temps ils triomphèrent de quatre insurrections formidables, celle de la Galice , celle de Madrid, celle de Séville et celle de la Catalogne.

» L'insurrection vaincue ici comme en France, une fièvre industrielle et mercantile embrasa notre sang, qui est africain autant qu'espagnol. Le Ministère, au lieu de combattre cet accès de fièvre violente , se laissa dominer lui-même par ce feu dévorant , et en même temps qu'il en fut saisi, propagea la contagion. Cependant la corruption et l'erreur allèrent grandissant et se répandant lentement et en silence. Aujourd'hui, Messieurs, toutes ces choses, corruption, fièvre industrielle, sont parvenues à leur apogée.

» Je demande maintenant quel sera le dénouement, quelle sera la fin ? Je ne le dirai pas, le cœur et la volonté me manquent, mais vous le devinez déjà sans doute avec effroi. On peut cependant opposer une objection. Il y avait, dira-t-on, en France, derrière le trône , les phalanges socialistes qui n'existent pas en Espagne. Et que diriez-vous, Messieurs, si je vous assurais, — et plaise à Dieu que je sois démenti par l'expérience! — que le pays du socialisme n'est pas la France, mais l'Espagne? N'oublions pas qu'ici, lorsqu'un parti est au pouvoir, il semble qu'il n'y a plus que lui de vivant et que tous les autres ont disparu des rues ; et pourtant, quand le parti vaincu vient commander à son tour, il semble qu'il remplit tout, qu'il occupe tout, que lui seul vit en Espagne; il n'est donc pas étonnant que nous ne voyions pas les socialistes ; mais écoutez et méditez ce que je vais dire.

» Le socialisme doit son existence à un problème insoluble, humainement parlant. Il s'agit de savoir quel est le moyen de régu-

lariser dans la société la distribution la plus équitable de la richesse.
C'est le problème que nul système d'économie politique n'a résolu.
Le système des économistes politiques aboutit au monopole par le
moyen des restrictions. Le système des économistes libéraux aboutit
au même monopole par la voie de la liberté, par la voie de la libre
concurrence, qui produit fatalement et inévitablement ce monopole.
Enfin, le système communiste n'aboutit pas ailleurs, par le
moyen de la confiscation universelle, en mettant toute la richesse
publique aux mains de l'État. Ce problème, pourtant, a été résolu
par le catholicisme. Le catholicisme a trouvé sa solution dans l'aumône. Les philosophes travaillent en vain, en vain se fatiguent les
socialistes ; sans l'aumône, sans la charité, il n'y a, il ne peut y
avoir de distribution équitable de la richesse. Dieu seul était digne
de résoudre ce problème, qui est le problème de l'humanité et de
l'histoire.

» Après la Révolution de Février, les communistes qui se réu-
nissaient au Luxembourg aux ordres de Louis Blanc demandaient,
avec le sûr instinct qu'ont tous les partis lorsqu'il s'agit de leurs
affaires, un ministère spécial qui résolût cet immense problème ;
car, disaient-ils, et en cela ils ne se trompaient pas, un problème
si grand a besoin d'un ministère spécial pour le résoudre. Leur erreur consistait à croire que ce ministère n'existait pas ; et ce ministère n'était pas vacant ; ce ministère était rempli depuis dix-huit
siècles par l'Église catholique.

» L'Église, Messieurs, est admirable pour tout; mais elle l'est
surtout pour servir d'intermédiaire entre le riche et le pauvre, car
elle participe de la nature des uns et des autres : elle participe de
la nature du pauvre, parce qu'elle n'a rien à soi, elle reçoit tout
pour l'amour de Dieu ; elle participe de la nature des riches, parce
que les riches, en d'autres temps, lui donnèrent tout pour l'amour
de Dieu. Et quel compte l'Église a-t-elle rendu de ce saint, de cet
incommunicable ministère? Jugez-en par vous-mêmes, Messieurs.
Dans la grande classe nécessiteuse, il y a une zône supérieure,
une zône moyenne, une zône infime, comme dans les classes

supérieures il y a une aristocratie, une classe moyenne et le peuple. L'aristocratie de la misère est composée de laboureurs ; la classe moyenne, d'artisans ; la plèbe, de mendiants. Eh bien ! l'Église a donné à chacune ce qu'il lui fallait : aux laboureurs elle a donné des terres et elle les a fait propriétaires ; pour les artisans elle a couvert l'Europe de monuments ; pour les mendiants elle a eu du pain et elle n'a laissé personne mourir de faim.

» Le pays où la charité de l'Église a le plus brillé, Messieurs, c'est l'Espagne. L'Espagne a été une nation faite par l'Église pour les pauvres, une nation faite par l'Église, formée par l'Église, pour les pauvres ; les pauvres ont été en Espagne des rois. Ceux qui étaient laboureurs tenaient les terres pour un fermage minime et étaient en réalité propriétaires. Les artisans avaient de quoi donner du pain à leurs enfants avec le salaire qu'ils gagnaient en élevant ces glorieux et splendides monuments dont l'Espagne est remplie. Et quel mendiant a manqué d'un morceau de pain à la porte d'un couvent ?

» La révolution est venue bouleverser toutes choses. L'Église étant dépouillée, le fermage de la terre monta, les dîmes étant supprimées, il monta encore, et d'une façon plus alarmante. Ainsi, le mouvement d'ascension imprimé par le catholicisme aux classes nécessiteuses a été converti par la révolution en un mouvement contraire, en un mouvement d'abaissement. Les laboureurs, accablés par l'énorme fermage qu'ils paient, descendent dans la classe moyenne des ouvriers ; les ouvriers, à leur tour, poussés par le nombre des laboureurs qui leur viennent, vont incessamment grossir la plèbe des mendiants ; enfin les mendiants terminent leurs jours dans la misère et la faim. Voilà, Messieurs, d'un côté, l'œuvre de la révolution, de l'autre, l'œuvre de l'Église !

» Les choses, parmi nous, en sont aujourd'hui à ce point, que la société, unie auparavant dans une union sainte et heureuse, est divisée en deux classes qu'on peut appeler, l'une vaincue, l'autre victorieuse. Celle qui a été favorisée par le sort a pour devise : Tout pour les riches ! Comment voulez-vous, Messieurs, que cette thèse n'engendre pas son antithèse, et que la classe vaincue ne

s'écrie à son tour, sur un ton de guerre : Tout pour les pauvres !
Il y a donc entre les classes de la société, — et le Gouvernement ne
le soupçonne même pas, ne l'a pas même étudié, quoiqu'il soit
de son devoir de l'étudier et de le savoir, — il y a, dis-je, entre
les classes de la société une guerre latente que l'état contagieux de
certaines idées de l'Europe rendra, à la première occasion, une
guerre ouverte.

» Messieurs, je suis fatigué, et je vais terminer en peu de mots.
Malgré mon amitié intime avec les ministres de Sa Majesté, je n'ai
pu m'empêcher de me déclarer en dissidence avec eux, parce qu'au
point d'exagération où ils portent leur système d'ordre matériel et
d'intérêts matériels, je tiens, pour mon compte, qu'il a rendu iné-
vitable une catastrophe sanglante, catastrophe qui viendra forcément, à moins que, pour la première fois, les lois éternelles de l'histoire ne fassent ici défaut. Je ne sais ni comment ni quand elle
viendra; mais je sais que Dieu a fait la gangrène pour la chair pour-
rie et le fer brûlant pour la chair gangrenée. Le Ministère se trouve
encore à temps pour choisir entre deux voies. Il peut suivre celle où
il est engagé, et alors, je n'ai rien à lui dire, ou celle que je viens
de lui indiquer. Si, pour son bonheur et pour le nôtre, il entre dans
cette dernière, il faut qu'il fasse tout ce que jusqu'ici il a négligé de
faire et qu'il ne fasse pas tout ce qu'il a fait; il faut qu'il prenne la
résolution de s'opposer de toutes ses forces à la corruption, qu'il la
combatte et la vainque, ou qu'il succombe; il faut qu'il ne bâtisse
point de théâtre, au moins jusqu'à ce qu'il ait mis des étais aux
temples qui menacent ruine; il faut qu'il mette de l'ordre dans les
rentes publiques; mais il faut encore que le Ministère entende bien
que cela ne suffit pas, qu'il est nécessaire surtout de mettre un frein
aux appétits, aux concupiscences.

» S'il veut la dictature, il est nécessaire qu'il la proclame, qu'il
la demande; car la dictature, en des circonstances données, est un
gouvernement bon, excellent, acceptable; mais Messieurs, qu'on
la demande, qu'on la proclame, parce que, autrement, nous

nous trouverions entre deux gouvernements : l'un de fait, qui serait
la dictature ; l'autre de droit qui serait la liberté, situation la plus
intolérable de toutes, car la liberté, au lieu de servir de protection,
est alors un piége.

» Messieurs, la Chambre peut me croire, si je pèche par quelque chose, c'est par une trop grande franchise ; les ministres peuvent me croire aussi : si je me suis levé aujourd'hui au milieu de
vous, c'est moins pour faire une opposition de mort au Ministère
que pour satisfaire ma conscience ; je voulais dire que je n'approuve
pas le système qu'on suit.

» Je ne sais, Messieurs, si je serai seul ; c'est possible ; mais seul,
absolument seul, ma conscience me dit que je suis très fort, non
par ce que je suis, mais par ce que je représente. Je ne représente
pas seulement deux ou trois cents électeurs de mon district, ni la
nation seulement. Qu'est-ce que la nation espagnole, ou toute autre,
considérée dans une seule génération et dans un seul jour d'élections
générales? Rien. Je représente quelque chose de plus que cela, de
beaucoup plus que cela ; je représente la tradition par laquelle les
nations sont ce qu'elles sont dans toute la durée des siècles. Si ma
voix a quelque autorité, ce n'est pas, Messieurs, parce qu'elle est
mienne ; elle a cette autorité parce qu'elle est la voix de vos pères.
Vos votes me sont indifférents. Je ne me suis pas proposé de m'a-
dresser à vos volontés, qui votent, mais à vos consciences, qui ju-
gent ; je ne me suis pas proposé d'incliner vos volontés vers moi,
mais d'obliger vos consciences à m'estimer. »

Aucun des ministres n'a osé prendre la parole pour réfuter M. le mar-
quis de Valdagamas. M. Martinez de la Rosa a essayé une réponse qui a
amené l'éloquente réplique suivante.

« Je ne veux pas répondre à M. Martinez de la Rosa, ni prononcer un nouveau discours ; je veux dire seulement deux mots pour
faire deux rectifications importantes. La Chambre jugera du reste
les doctrines de sa Seigneurie et les miennes, ses pronostics et les

miens, qui sont pour moi un malheur, car c'est un malheur de mal
penser, de mal augurer d'une nation que j'aime beaucoup parce
que je suis son enfant, parce qu'elle est ma mère. Le Congrès jugera
entre mes augures fatidiques et les brillantes espérances de Sa Seigneurie. Je vais seulement rectifier un fait.

» M. Martinez de la Rosa s'est presque scandalisé, et c'est le mot
propre, en m'entendant faire l'éloge du siècle de Louis XIV ; mais
M. Martinez de la Rosa a-t-il oublié, par hasard, que ce n'est pas
moi qui fais cet éloge, mais l'histoire et le monde, car c'est l'histoire et le monde, et non moi, qui appellent ce siècle le *grand siècle*,
et Louis XIV Louis *le grand* ? M. Martinez de la Rosa sait-il qu'en
attaquant ma qualification il a attaqué la qualification du genre
humain ?

» M. Martinez de la Rosa dit, et cela est important, et j'invoque
ici l'attention de MM. les députés, M. Martinez de la Rosa dit que
ce siècle, que j'élève si haut, que j'admire tant, que je propose
pour modèle et pour exemple, a été le précurseur des encyclopé-
distes. A ce sujet Sa Seigneurie nous a dit avec son éloquence facile
et enchanteresse : Est-il possible d'oublier que dans ces temps de
préjugés grossiers, — c'est ainsi que Sa Seigneurie a appelé ces
temps, — sont nées ces doctrines que nous déplorons et que tout le
monde déplore ? Messieurs, il ne faut pas confondre l'ordre dans
lequel les choses se succèdent avec les causes de ces mêmes choses.
L'encyclopédisme n'est pas le résultat de la civilisation du siècle de
Louis XIV, civilisation éminemment catholique, et par là même
éminemment auguste et éminemment civilisatrice ; non, l'encyclopédisme, le socialisme et le philosophisme ont leur racine plus
loin ; ils ont leur racine dans l'orgueil humain. Sa Seigneurie sait-
elle que l'orgueil se transforme continuellement et qu'il ne change
pas de nature, quoiqu'il change de nom ? L'orgueil a existé avant
l'homme et il s'est appelé Satan ; il a existé en même temps que
l'homme, et il s'est appelé Adam ; il a existé avec les révolutions,
et il s'est appelé Robespierre ; il a existé avant les révolutions, au
siècle de Louis XIV, et il s'est appelé l'encyclopédisme ; mais c'est

toujours l'orgueil. Ce n'est donc pas le catholicisme qui engendre ces monstres ; ils sont nés de l'orgueil, qui est antérieur à l'encyclopédisme : et voilà, Messieurs, ce que je tenais à rectifier. Je répète, quant aux doctrines, que je ne puis rien dire, car je ne puis, vu le règlement, sortir de la rectification, et d'ailleurs le congrès est fatigué. Du reste, le congrès jugera les uns et les autres. »

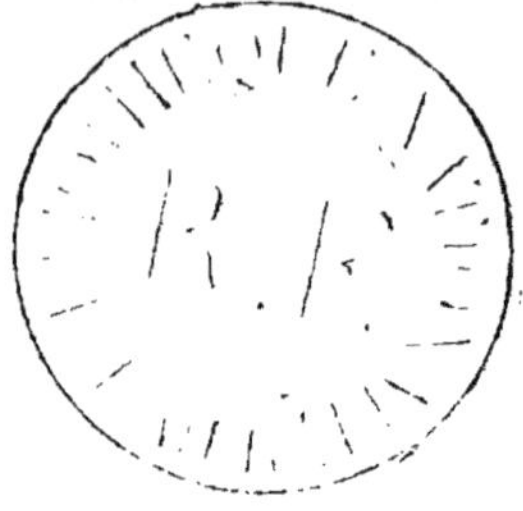

Typographie JULES-JUTEAU et Cᵉ, rue St-Denis, 345.

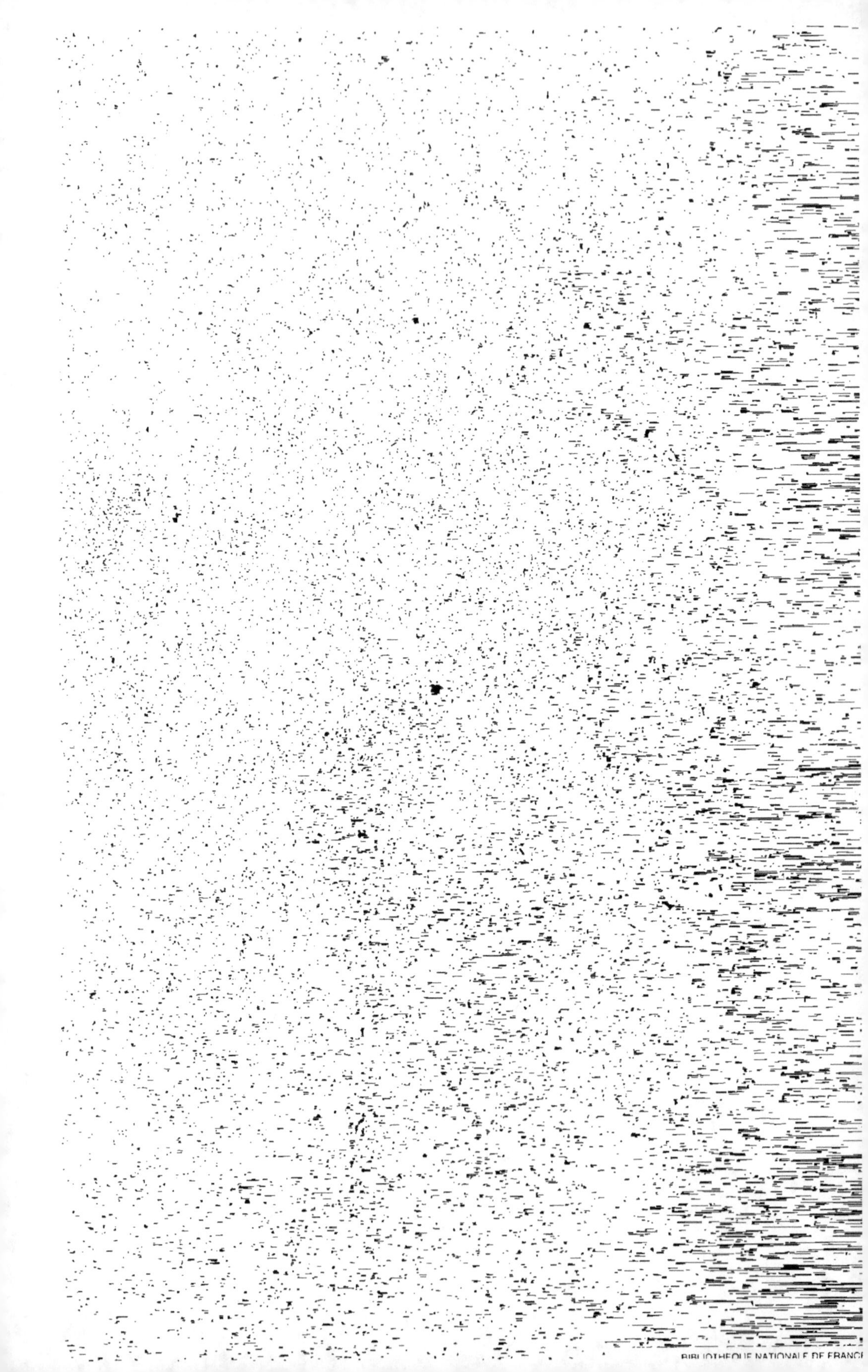